4°Z
LE SENNE
1021

DE LA NOMENCLATURE

DES

RUES DE PARIS

PAR

JULES COUSIN

PARIS
1899

DE LA NOMENCLATURE

DES

RUES DE PARIS

Extrait des *Mémoires de la Société de l'Histoire de Paris et de l'Ile-de-France*, t. XXVI (1899).

DE LA NOMENCLATURE

DES

RUES DE PARIS

PAR

JULES COUSIN

PARIS
1899

DE LA NOMENCLATURE

DES

RUES DE PARIS

En 1877, à l'occasion de certains changements de noms de rues proposés par le Conseil municipal de Paris, Jules Cousin rédigea, à la demande de l'Administration, un rapport dans lequel, après avoir étudié l'historique du système de dénomination des voies publiques, il exposa tous les inconvénients résultant de ces débaptisations, qui ne furent que trop fréquentes.

L'auteur voulut bien me faire cadeau du manuscrit original de son travail; j'en utilisai quelques passages pour une étude sur le même sujet, que je publiai en 1886[1]. Mais, en fait, le travail de Jules Cousin est inédit, et il ne manquera pas d'intéresser nos confrères. En le leur communiquant, je suis heureux d'avoir l'occasion de rendre hommage à la mémoire d'un maître et d'un ami.

Paul Lacombe.

I.

HISTORIQUE.

NOMENCLATURE PRIMITIVE, PHYSIQUE ET TOPOGRAPHIQUE.

Dans l'origine, et jusqu'au XVIIe siècle, les noms des rues de Paris, comme tous les noms géographiques de localités, ont été empruntés à des circonstances *évidentes* tenant à l'essence et à la

---

[1]. *Les Noms des rues de Paris sous la Révolution.* Nantes, impr. Forest et Grimaud, 1886, in-8°.

nature des lieux, à des particularités permanentes et visibles. Ce sont les meilleures dénominations, significatives, incontestables, venant naturellement à l'idée de tous et facilement transmises par la tradition. Ainsi, la rue des *Petits-Champs*, la rue des *Jardins*, la rue des *Rosiers*, la rue *Pavée*, la rue du *Puits*, la rue des *Moulins*, la rue de l'*Échelle* indiquent clairement leur étymologie.

L'inconvénient de ce système physique et réaliste — sans parler des nombreuses homonymies résultant de la répétition des mêmes particularités dans des quartiers différents — est que, les circonstances topiques venant à se modifier, les noms changeaient aussi ou se corrompaient, se perdaient en *à peu près* dépourvus de sens ou détournés de leur sens primitif. Ainsi, la rue des *Jeux neufs* se transformait en rue des *Jeûneurs* quand les jeux de mail en eurent disparu ; la rue de l'*Égyptienne* devenait rue de la *Jussienne* après la démolition de la chapelle de Sainte-Marie l'Égyptienne ; la rue du *Fief-d'Arnetal* se changeait en rue *Grenetat ;* la rue *Pute y musse* était dite du *Petit-Musc* quand les filles de joie cessèrent de s'y musser ; et l'une des nombreuses rues *sans chief* (cul-de-sac) était successivement désignée sous les noms de rue *Sancée*[1], rue *Hélie Hannot*, rue de l'*Aviron*, rue de *Fourcy*, après qu'elle eut été percée des deux bouts et que le notable bourgeois Hélie Hannot, l'enseigne de l'Aviron et l'hôtel de Fourcy lui eurent successivement prêté leur notoriété.

CATÉGORIES DIVERSES DE L'ANCIENNE NOMENCLATURE.

Ces origines naturelles et traditionnelles des dénominations de rues, les seules, je le répète, antérieures au xvii° siècle, peuvent se diviser en huit catégories :

1° DIRECTION. — Rues (conduisant à) *Saint-Denis, Saint-Martin(-des-Champs), Montmartre, Sèvres, Vaugirard, Clichy ;* rues (suivant) les *Fossés-Saint-Victor, Saint-Germain, Montmartre,* le *rempart,* la *contrescarpe,* etc.

2° ORIGINE. — Rues ouvertes sur les fiefs ou lieux dits : le *Champ-Gaillard,* le *Clos-Georgeau,* le *Clos-Bruneau, Beaubourg,* le *Bourg-l'Abbé,* la *Grange-Batelière,* la *Ville-l'Évêque,* ou sur les terrains appartenant à *Hillerin Bertin, Honoré Chevalier, Charlot, Vivien,* ou entreprises par *Poulletier, Marie,*

---

1. Ou *Sansée* ou *Censée ;* corruption de *Sans-Chief.*

Villedo, ou sous le patronage du marquis de *Gêvres*, du président de *Harlay*, etc.

3° État des lieux. — Rue *Pavée*, rue *Percée*, rue *Beautreillis*, rue de la *Cerisaie*, rue des *Orties*, rue du *Chemin-Vert* ou *Chemin-Herbu*, rue *Brenneuse*, rue des *Petits-Champs*, rue du *Pas-de-la-Mule* (à cause de la raideur de sa pente), la *Grève*, etc.

4° Églises, communautés, collèges. — Édifices ayant en général un caractère monumental, bien connus du public, et qui, par conséquent, servent toujours, de préférence, à désigner la rue où ils se trouvent. Exemples trop nombreux pour qu'il soit besoin de les nommer.

5° Édifices divers ou établissements ayant un caractère public. — Croix, puits, fours, échelles patibulaires, barres ou prétoires, greniers, barrières ou corps de garde.

6° Hôtels de grands seigneurs, maisons de bourgeois notables. — Dénominations très usitées; mais, ainsi que je l'ai fait observer plus haut, sujettes à variations avec les changements de propriétaires. Tous les noms de personnes que nous trouvons dans l'ancienne nomenclature des rues de Paris se rapportent ainsi non pas à la personne même, mais au logis du personnage : rues (anciennes) de *Bourbon*, d'*Orléans*, de *Bourgogne*, de *Flandre*, de *Montmorency*, du *Roi-de-Sicile*, rue *Aubry-le-Boucher*, *Geoffroy-l'Angevin*, *Gervais-Laurent*, *Pierre-Sarrazin*, *Gilles-le-Queux* (*Gît-le-Cœur*), etc., c'est-à-dire rues où demeurent les ducs de Bourbon, d'Orléans, de Bourgogne, etc.

7° Marchandise spéciale ou état des personnes habitant la rue. — Rues de la *Draperie*, de la *Pelleterie*, de la *Ferronnerie*, de la *Friperie*; rues des *Juifs*, des *Lombards*, des *Anglais*, de la *Bretonnerie*; rue *Chanoinesse*, rue des *Chantres*, rue des *Prêtres*, rue des *Mauvais-Garçons*, rue de la *Truanderie*, rue *Vide-Gousset*, rue *Coupe-gorge*, rue *Trousse-Nonnain* (*Transnonnain*), rue *Tire-Boudin*.

8° Enseignes. — C'est peut-être la dénomination la plus fréquemment usitée. A défaut d'établissement religieux ou d'hôtel considérable, l'enseigne bien achalandée était naturellement appelée à baptiser sa rue. Elle jouissait d'une notoriété populaire; toujours en évidence et permanence, ses attributs, de proportion gigantesque, attiraient forcément l'attention et remplissaient avantageusement le rôle de nos inscriptions modernes, car ils parlaient aux yeux de ceux qui ne savaient pas lire. Aussi, le nombre de rues qui doivent leur nom à des enseignes est-il considérable; et l'on peut être à peu près certain que tous les noms dont l'étymologie est restée inconnue dérivent de là : rue de l'*Arbre-Sec*, rue *Cloche-perce* (la cloche percée), rue de l'*Homme-armé*, rue de la *Femme-sans-tête* (tout en est bon), rue du *Bout-du-Monde* (un bouc, un duc, un monde), rue du *Cherche-Midi* (un cadran devant lequel des badauds cherchaient midi à quatorze heures), etc.

Tel est le système de nomenclature primitif, le seul vrai, le seul logique et significatif, car il tient à la nature même des choses et représente tout simplement l'affirmation d'un fait dont plus tard, quand le fait lui-même a disparu, le souvenir ainsi conservé a bien encore son importance et son intérêt.

PREMIERS ESSAIS DE NOMENCLATURE OFFICIELLE.

L'usage d'imposer aux rues de Paris des noms étrangers à leur essence même, soit à titre de simple étiquette, soit à titre honorifique, ne remonte pas au delà du règne de Henri IV et des grands projets d'embellissements que ce prince avait conçus pour sa capitale[1]. En sa qualité de grand voyer de France, Sully prit, de concert avec le prévôt des marchands et les échevins, la direction de ces travaux d'édilité, et il semble tout naturel de donner aux rues et places nouvellement créées les noms, d'ailleurs très populaires, du roi et des princes de sa famille. De là les dénominations de la rue et de la place *Royale*, de la rue et de la place *Dauphine*, de la rue d'*Anjou* (premier titre de Gaston d'Orléans), de la rue *Christine* (seconde fille du roi), etc. En même temps, tout un quartier neuf était projeté sur les marais du Temple, dont les rues, portant les noms des provinces de France, devaient aboutir en éventail à la place monumentale et à la Porte de *France* (ancienne Porte du Temple). De ce grand projet, il n'est resté que la nomenclature provinciale, encore subsistante dans le quartier du Marais[2].

---

1. Je sais qu'on cite deux exemples antérieurs : la rue *Françoise*, ainsi nommée, dit-on, en l'honneur de François 1ᵉʳ, qui la fit ouvrir sur les ruines de l'hôtel de Bourgogne en 1543; mais, sur tous les plans et dans tous les titres du xvıᵉ siècle, cette rue est dite rue *Neuve* ou rue de *Bourgogne;* plus tard seulement rue *Neuve-Saint-François*, et enfin rue *Françoise*. (Note de J. Cousin.)

2. Voyez l'intéressante étude de M. G. Fagniez sur ce magnifique projet dans le *Bulletin de la Société de l'Histoire de Paris*, t. XXIV (1897), p. 111, et la jolie reproduction de la planche de Châtillon, qui l'accompagne.

LE ROI ET LES PRINCES ONT SEULS, JUSQU'AU XVIIIe SIÈCLE, L'HONNEUR
DE DONNER LEURS NOMS AUX RUES DE PARIS.

Voilà donc les deux systèmes, *honorifique* et *géographique*, inaugurés du même coup vers 1605. Mais le premier paraît avoir été réservé jusqu'au xviiie siècle à la glorification exclusive de la famille royale. Les rues *Saint-Louis*, les rues *Sainte-Anne* abondent; nous avons les quais de *Bourbon*, d'*Anjou*, d'*Alençon*, la rue *Thérèse*, la place des *Victoires et des Conquêtes*, la rue et la place *Louis-le-Grand*, la rue de *Bourgogne*, etc., mais les autres personnalités administratives, quelque haut placées qu'elles soient, ne sont point appelées à partager cet honneur, à moins qu'un lien particulier, rentrant dans les catégories que j'ai signalées ci-dessus, ne rattache le parrain à la rue baptisée. Ainsi, la rue *Richelieu* (1640) longe le Palais-Cardinal; la rue *Colbert* (1666) est ouverte presque en face de l'hôtel Colbert; *Marie*, *Poulletier*, *Guillaume* (1620) sont les entrepreneurs des constructions de l'île *Saint-Louis*, la rue *Mazarine*; la rue *Vendôme* (1695), la rue de *Verneuil* (1640) sont ouvertes sur les terres du duc de Vendôme, grand prieur de France, et du duc de Verneuil, abbé de Saint-Germain-des-Prés; le marquis de *Gêvres* est concessionnaire de la rue et du quai de *Gêvres* (1645); le duc de La Feuillade a créé la place monumentale à laquelle la rue de *La Feuillade* donne accès (1685), et ainsi des autres. Seuls, je crois, Claude Lepeletier et Henri de Fourcy n'ont d'autre titre que leur qualité de prévôt des marchands à baptiser le quai *Peletier* (1675) et la rue de *Fourcy* (1685).

PREMIER USAGE DES PLAQUES INDICATIVES.

En 1728 seulement, le lieutenant de police prescrit l'usage des plaques indicatives du nom des rues qui va rendre cet honneur plus facile à décerner officiellement, plus sensible et par conséquent plus recherché. Il se passera pourtant encore une quarantaine d'années avant que nous en puissions citer un exemple considérable; et, jusqu'à l'inauguration de la nouvelle Comédie-Française (1782), il restera le privilège exclusif de l'échevinage.

PROJET DE L'ABBÉ TEISSERENC : LE PLAN DE PARIS EN CARTE DE FRANCE.

Cependant, M. Hérault, le lieutenant de police, en posant ses écriteaux, avait dû changer quelques noms, soit pour des motifs de décence, soit pour simplifier les dénominations multiples ou régulariser des dénominations douteuses. Le mouvement était donné, l'idée d'adaptation au plan de Paris des noms géographiques et historiques ne devait pas tarder à germer.

Dès *1754*, l'abbé Teisserenc publiait un volume dans lequel il proposait de décalquer la carte de France sur un plan de Paris de même format et de donner les noms des villes aux rues sur lesquelles elles tomberaient. En même temps, il consacrait les enseignes par séries et par corps d'état à la glorification des princes, des grands hommes, des victoires et événements historiques, des arts et des sciences, etc. En un mot, tout notre système de nomenclature moderne.

Ce projet, dont l'auteur demandait sans hésiter la réalisation immédiate, demeura à l'état de lettre morte dans son livre intitulé : *Géographie parisienne en forme de dictionnaire contenant l'explication de Paris mis en carte géographique du royaume de France*[1].

PREMIÈRE INVASION EN CORPS DE L'ÉCHEVINAGE.

En 1765, on érigea, sur l'emplacement de l'ancien hôtel de Soissons, la Halle au blé et tout le pâté de maisons qui l'environne. La rue circulaire qui contourne l'édifice reçut le nom de rue de *Viarmes* en l'honneur de M. Camus de Pontcarré, seigneur de Viarmes, prévôt des marchands, et les rues rayonnantes, les noms de MM. de *Sartine*, lieutenant de police, *Babille*, *Devarenne*, *Mercier*, échevins, *Vannes*, procureur du roi et de la ville, et *Oblin*, propriétaire, entrepreneur des constructions. La fournée, comme on voit, est complète, et le privilège ne tardera pas à être admis en principe. Après M. de Viarmes, M. Bignon, prévôt des

---

1. Paris, veuve Robinot; Villette; veuve Amaury, 1754, in-12. Il existe deux éditions qui ne diffèrent que fort peu quant au texte. Le plan manque presque toujours; il est rarissime. Voyez *Bulletin*, tome XIII (1886), p. 35.

marchands, donne son nom au quai pratiqué en 1772 entre le Petit-Pont et le pont Saint-Michel, et, sous Louis XVI, cela devient de règle absolue.

SOUS LOUIS XVI, LE PRIVILÈGE DES ÉCHEVINS EST ADMIS EN PRINCIPE.

Après avoir rendu hommage au comte de *Provence, Monsieur*, à *Madame*, au comte d'*Artois* (rue d'*Artois*, aujourd'hui rue *Laffitte*), M. de *La Michodière*, comte de *Hauteville*, prévôt des marchands de 1773 à 1778, baptise deux rues, M. de *Caumartin* et M. *Le Pelletier*, ses successeurs en 1778 et 1784, en nomment chacun une; les échevins *Boucher* et *Estienne* (1773), *Trudon* (1774), *Daval* et *Saint-Sabin* (1776), *Chauchat* (1778), *Richer*, *Martel* (1780) ont aussi la leur, ainsi que M. *Buffault*, receveur, *Taitbout* et *Boudreau*, greffiers de la ville.

PREMIÈRE ADMISSION DE NOMS ÉTRANGERS A L'ADMINISTRATION DE LA VILLE, SYSTÈME PUREMENT HONORIFIQUE.

En somme, tous ces officiers de l'Hôtel de ville, pas plus que les rois et les princes, ne peuvent être considérés comme absolument étrangers aux rues dont ils ont ordonné la création, c'est plutôt une reconnaissance de paternité qu'un hommage pur et simple que l'on inscrit ainsi à l'angle des voies nouvelles, et cela rentre à la rigueur dans la série *origine* de l'ancienne nomenclature. Mais, avec l'année 1782, nous assistons à l'inauguration d'un nouveau système consistant à grouper autour d'un édifice des noms de personnages morts depuis longtemps, dont les œuvres offrent certains rapports avec la destination de cet édifice, mais d'ailleurs absolument étrangers à la rue dénommée. On vient d'ériger la nouvelle salle de la Comédie-Française (Odéon) sur l'emplacement de l'hôtel de Condé, et on a donné aux rues neuves aboutissant au théâtre les noms des plus illustres auteurs dramatiques français : *Corneille, Racine, Molière, Voltaire, Crébillon*. Cette innovation ne paraît pas avoir été du fait, ni même du goût de l'Hôtel de ville, qui laissa faire, non sans quelques protestations, suivant l'auteur du *Tableau de Paris*[1].

---

1. Mercier, *Tableau de Paris*, chap. CLXX, édit. de 1783, in-8°, t. II.

L'année suivante (1783), on donna même le nom de deux auteurs vivants, *Favart* et *Grétry*, aux deux rues longeant le théâtre de la nouvelle Comédie-Italienne.

PÉRIODE RÉVOLUTIONNAIRE. PREMIERS CHANGEMENTS D'ANCIENS NOMS DE RUES.

Avec la Révolution apparaît enfin le système tendant à faire du plan de Paris un tableau d'honneur *ad majorem gloriam* des popularités du jour. Le marquis de Villette ouvre la marche en adressant aux Jacobins, le jour même de l'enterrement de Mirabeau (avril 1791), la curieuse lettre suivante :

Frères et amis,

J'ai pris la liberté d'effacer à l'angle de ma maison cette inscription : *Quai des Théatins*, et je viens d'y substituer : *Quai Voltaire*... Nous aurons toujours un Voltaire et nous n'aurons plus jamais de Théatins.

J'invite les bons patriotes de la rue *Platrière* à mettre le nom de *Jean-Jacques Rousseau* aux encoignures de leurs maisons. Il importe aux cœurs sensibles, aux âmes ardentes, de songer en traversant cette rue que Rousseau y habitait au troisième étage, et il n'importe guère de savoir que jadis on y faisait du plâtre.

... J'ai pensé que le décret de l'Assemblée nationale, qui prépare des honneurs publics à Mirabeau, à Jean-Jacques, à Voltaire, était, *pour cette légère innovation*, une autorité suffisante.

En effet, le changement fut approuvé et on débaptisa en même temps la rue de la *Chaussée-d'Antin* pour lui donner le nom de rue *Mirabeau*.

Quelques jours plus tard (14 avril), les habitués du Café Procope enchérissaient sur cette idée en proposant de donner aux égouts de Paris les noms des écrivains royalistes Malet du Pan, Pelletier, Rivarol, l'abbé Maury, etc., d'appeler l'égout de la rue *Montmartre* égout des *Monarchieux*, celui de la rue *Vieille-du-Temple* (près de l'hôtel de Rohan) égout du *Cardinal-Collier*, et la voirie de *Montfaucon* voirie *Sulleau*. L'arbre, à peine planté, commençait à porter ses fruits.

1792. BOULEVERSEMENT GÉNÉRAL.

On sait à quel point a été poussée, pendant la période révolutionnaire, cette manie du changement des noms de rues ainsi inaugurée dès le début; je n'ai pas à en donner ici le tableau que l'on trouvera dans l'*Almanach indicatif des rues de Paris suivant leurs nouvelles dénominations* (Paris, an III). Il nous suffit de constater qu'à dater de 1792 toutes les dénominations royales, princières ou religieuses furent remplacées par des dénominations nationales, philosophiques ou d'actualité, que les vieux saints perdirent leurs titres et que les *nouveaux saints* furent intronisés à l'avenir sur les plaques municipales, au risque de commettre d'ineptes jeux de mots comme *Mont-Marat* pour *Montmartre*.

RÉVISION DE L'AN IX. ÉPOQUE IMPÉRIALE.

Un arrêté de M. Frochot, préfet de la Seine, daté du 12 brumaire an IX (3 novembre 1800), prescrivait de dresser l'état général des noms de rues changés ou conservés depuis 1789, afin d'opérer à nouveau l'inscription des noms qui seraient définitivement adoptés. Cette révision générale laissa subsister peu de noms politiques et s'attacha à leur substituer des noms de victoires et d'officiers morts glorieusement au champ d'honneur. Le nom de l'empereur seul, sous les deux formes *Bonaparte* et *Napoléon*, fut quelque peu prodigué dans cette nouvelle nomenclature, qui eut le tort de ne tenir aucun compte des anciens souvenirs du terroir, pour la dénomination des voies nouvelles ouvertes alors dans le cœur même de l'ancien Paris.

RÉACTION DE LA RESTAURATION.

L'un des grands soins du gouvernement de la Restauration fut d'effacer l'empreinte impériale ainsi imposée au plan de la capitale. Cinquante noms furent modifiés par une ordonnance royale de 1815 (voir *Nomenclature des rues de Paris*, par M. Maire, juin 1816), la plupart ne sont qu'un retour aux dénominations primitives changées par la Révolution et une satisfaction donnée aux alliés par la suppression des noms d'Austerlitz, d'Iéna et de Marengo. Parmi les personnages dépossédés, je ne vois guère, outre l'empereur, que Cerutti (rue d'*Artois*, aujourd'hui rue *Laffitte*), Helvetius (rue *Sainte-Anne*), Hoche (rue *Beaujolais*), Mably (rue d'*Enghien*), Marceau (rue de *Rohan*) et Turenne (aujourd'hui réinstallé).

Il va sans dire que les rues nouvelles percées en grand nombre pendant cette période de 1815 à 1830, où les grandes affaires prirent un rapide développement, empruntèrent leurs noms aux personnalités du jour. Dans le nouveau quartier Poissonnière, la rue principale ouverte en 1824 fut baptisée rue *Charles X*, et sa voisine, rue de *Chabrol*, en l'honneur du Préfet de la Seine. En même temps, la prolongation de la rue du *Marché-Saint-Honoré*, ouverte en 1826, recevait le nom de rue du *Duc-de-Bordeaux* (aujourd'hui rue du *29 Juillet*). Pour le nouveau quartier, alors tracé sur le vaste emplacement de la plaine Monceau, on revint au système géographique essayé par Henri IV, dès l'origine des dénominations officielles : autour d'une place centrale dite place de l'*Europe*, on fit rayonner un réseau de rues portant les noms de toutes les capitales étrangères. Système contre lequel la poste n'a cessé de réclamer à cause des nombreuses et graves erreurs qu'il occasionne dans le service des départs ; plus d'une lettre adressée rue de *Rome,* par exemple, se fourvoyant dans le courrier à destination de la ville de Rome.

RÉACTION DE 1830.

La Révolution de 1830 s'empressa de biffer les noms politiques imposés par la Restauration en les remplaçant par d'autres noms politiques en faveur. Il se produisit même un fait assez curieux et de nature à nous édifier sur les inconvénients de ces baptêmes de circonstance : la rue *Charles X* reçut le nom de rue *Lafayette*. Or, Lafayette, dans la fleur de sa jeune popularité en 1791, avait déjà donné son nom à une rue du quartier des Halles enlevée au patronage odieux de M. de *Calonne*. Déclaré à son tour traître à la patrie en 1792, Lafayette perdit sa rue qui fut nommée rue du *Contrat-Social*, en l'honneur de J.-J. Rousseau. On lui en rendait une autre en 1830, sa popularité ayant refleuri de plus belle, et il faut reconnaître — aujourd'hui surtout — qu'il n'a pas perdu au change. La rue du *Duc-de-Bordeaux* recevait en même temps la dénomination bizarre de rue du *29 Juillet*. C'est le premier exemple de date ainsi appliquée. Nous avons eu depuis la rue du *24 Février* et nous avons encore la rue du *4 Septembre*, qui fut un instant du *18 Mars*. Ce mode chronologique — toute idée politique à part — est à coup sûr le plus incohérent et le plus étrange dans l'espèce.

On continuera, sous le règne de Louis-Philippe, à donner aux rues nouvelles des noms d'hommes et de victoires, à vider pour ainsi dire sur le plan de Paris le *Dictionnaire* de Bouillet, au hasard, comme on jette les dés sur une table de tric-trac, sans se préoccuper des analogies ou des origines, mais en s'attachant pourtant à suivre des *séries*; ainsi la rue *La Bruyère* fut ainsi nommée à cause de la rue voisine consacrée à *La Rochefoucauld*, bien que celle-ci dût son nom au philanthrope Larochefoucauld-Liancourt[1], et non à l'auteur des *Maximes;* on avait d'abord pensé à la mettre sous le patronage de l'architecte Percier, à cause du voisinage de la rue *Fontaine*, filleule de son collaborateur ordinaire, mais Percier déclina cet honneur; Jacques Laffitte avait partagé avec Lafayette le privilège de baptiser une rue consacrée à Charles X. La ci-devant rue d'*Artois*, les rues d'*Angoulême* et de *Berri* restèrent inaperçues. La rue de *Chabrol* fut épargnée non sans opposition, et M. de Rambuteau continua la tradition assez légitime et tout à fait rationnelle qui veut que les prévôts des marchands signent la voie principale ouverte sous leur administration.

RÉACTION DE 1848 ET CONTRE-RÉACTION DE 1852.

La Révolution de 1848 débaptisa avec ardeur, mais sans laisser de traces, le Second Empire ayant pris à tâche, dès 1853, d'effacer ses inscriptions pour rétablir les premières ou en substituer d'autres en l'honneur des membres de la famille napoléonienne et des serviteurs anciens et nouveaux du régime impérial.

RÉVISION GÉNÉRALE DE 1860 A LA SUITE DE L'ANNEXION.

La reconstruction de Paris par M. Haussmann et l'annexion des banlieues, en 1860, exigèrent une révision générale de la nomenclature des rues. Cette révision fut opérée par une commission composée d'employés du Service municipal des travaux de Paris, présidée par M. Charles Merruau, secrétaire général de

---

1. Telle est l'origine indiquée par le *Dictionnaire* de Lazare. Lock et la *Nomenclature officielle* tiennent pour Catherine de La Rochefoucauld, abbesse de Montmartre. La Tynna déclare qu'il ignore à quelle occasion ce nom fut donné à cette rue.

la préfecture. Elle s'attacha à supprimer les homonymes, les similaires, les dénominations multiples appliquées à une même direction et à nommer les rues nouvelles; le tout sans grand respect des souvenirs historiques dont ces hommes — très compétents d'ailleurs — se préoccupaient médiocrement, faute peut-être d'en être suffisamment instruits.

Cependant, grâce à la sagesse de cette commission [1], qui reconnut hautement la nécessité de s'en tenir aux changements indispensables et de *modifier le moins possible*, on échappa au bouleversement total préparé par des rêveurs qui proposaient — comme autrefois l'abbé Teisserenc — de *profiter de l'occasion* pour remanier de fond en comble le vocabulaire parisien, de diviser les rues par séries et par arrondissement en leur imposant des noms en rapport avec *l'esprit* du quartier. Ainsi : autour des Tuileries, noms de princes et d'hommes d'État; autour de l'hôtel de ville, noms d'officiers municipaux; autour de la Sorbonne, noms de savants et de professeurs, etc., etc. Du passé, rien à conserver.

C'est à la suite du travail de cette commission, un peu influencée par le susdit système, qu'eut lieu ce grand remaniement, qui désorienta pendant plusieurs années les Parisiens et les cochers eux-mêmes, lesquels n'en sont pas encore parfaitement remis.

RÉACTION DE 1871. PREMIÈRE RÉCLAMATION TRÈS MODÉRÉE DU CONSEIL MUNICIPAL.

Le Conseil municipal républicain de 1871, en lui supposant même la plus forte dose de modération, ne pouvait accepter la nomenclature de l'Empire. L'administration préfectorale prit du reste l'initiative et proposa, dès le *7 septembre 1871*, huit changements portant sur les noms des membres de la famille impériale [2]. Le Conseil déclara cette proposition insuffisante et demanda une nouvelle révision générale. En conséquence, M. Léon Say

---

1. Berty et Tisserand étaient membres de cette commission. Ils firent tous leurs efforts pour que l'on tînt compte de la tradition et des souvenirs historiques, mais ils furent trop peu écoutés.
2. *Conseil municipal de Paris. Séance du 7 septembre 1871. Rapport présenté par M. Beudant au nom de la commission spéciale chargée d'examiner un projet de dénomination de diverses voies publiques de Paris*. Paris, typ. Ch. de Mourgues, s. d., in-4°, 7 p.

soumit au Conseil, le 25 *mai 1872*, un projet plus large, en l'engageant, s'il ne le trouvait pas encore suffisant, à présenter une contre-proposition ; ce qu'il fit. La commission choisie à cet effet dans le sein du Conseil était composée, sinon de spécialistes, du moins de gens fort éclairés tels que MM. Beudant, rapporteur, Dubief, directeur de Sainte-Barbe, Tranchant, etc. Le rapport de M. Beudant est remarquable, et il me semble qu'on pourrait s'y rallier de tous points[1]. Après avoir consacré un regret aux vieilles dénominations historiques, qu'il propose de conserver ou de rappeler partout où faire se pourra, il constate que la première raison d'être pour un nom de rue est d'*être* d'ores et déjà ; que ce qu'il faut éviter avant tout, dans l'intérêt du commerce et des relations générales, ce sont les changements fréquents, et qu'on doit, en conséquence, rejeter — quel qu'en soit le sens — les dénominations politiques, variables entre toutes. Il proposa, en résumé, de s'en tenir aux modifications suivantes :

1° Supprimer quelques noms politiques dont le maintien blesse le sentiment public.

2° Supprimer sans exception les noms de tous les personnages vivants.

3° Faire disparaître quelques homonymes qui ont échappé aux précédentes révisions.

Le Conseil adopta ce rapport le 27 *mars 1873*, mais il n'y fut pas donné suite.

CHANGEMENTS OPÉRÉS DEPUIS 1873.

Un arrêté préfectoral du 10 novembre suivant se borne à donner le nom d'avenue de l'*Opéra* à l'avenue projetée sous le nom d'avenue Napoléon et à modifier quelques dénominations insignifiantes qui entraînaient des confusions dans le service de la poste.

Un décret du président de la République du 10 février 1875 passe également à côté du vœu du Conseil municipal, et, portant dénominations nouvelles de soixante-dix-huit rues de Paris (presque toutes de nouvelle création), se borne à changer les noms de l'avenue du prince Jérôme et de l'avenue de l'Impératrice.

---

1. *Conseil municipal de Paris. 1873. Rapport [n° 7] présenté par M. Beudant, au nom de la commission spéciale de la dénomination des voies publiques, sur les modifications à introduire dans la nomenclature des voies publiques de Paris.* Paris, typ. Ch. de Mourgues, s. d., in-4°, 46 p.

RÉCLAMATIONS RÉITÉRÉES DU CONSEIL MUNICIPAL ET DU CONSEIL GÉNÉRAL. PROPOSITIONS ACTUELLES.

A deux reprises différentes (1875-1876), le Conseil général réitéra le vœu que plusieurs noms politiques qui avaient survécu fussent remplacés par des dénominations nouvelles.

Enfin, à la séance du Conseil municipal du 6 juillet 1876, une proposition identique est renvoyée à la troisième commission (voirie de Paris), au sein de laquelle, au cours de la discussion, surgissent un grand nombre de propositions incidentes d'où procède la délibération en treize articles soumise actuellement à M. le ministre de l'Intérieur. Le rapport signé de M. Engelhard[1] est loin de présenter les qualités qui distinguent celui de M. Beudant; cette commission de simple voirie ne vaut pas non plus celle qui avait été spécialement composée en 1872, mais elle s'est inspirée du travail de ses devanciers et des principes de modération et de stabilité qu'ils avaient adoptés. Je vais examiner ses diverses propositions, dont quelques-unes me paraissent dignes d'être prises en considération. Je dirai en quoi et pourquoi les autres me semblent mal fondées.

II.

EXAMEN DES MODIFICATIONS PROPOSÉES PAR LE CONSEIL MUNICIPAL.

1, 2, 3. — Le Conseil invite M. le préfet à changer d'urgence les « dénominations des rues *Saint-Arnaud*, de *Morny*, *Magnan*, « *Abbatucci*, *Billault* et du boulevard *Haussmann*.

« Il exprime l'avis qu'il y a lieu de restituer à la rue *Abba-« tucci* son ancien nom de rue de la *Pépinière*, de donner au

---

1. *Conseil municipal de Paris. 1877. Rapport [n° 9] présenté par M. Engelhard au nom de la 3ᵉ commission, sur diverses propositions relatives à des changements à opérer dans la dénomination de certaines rues de Paris. Annexe au procès-verbal de la séance du 27 février 1877.* Paris, typ. Ch. de Mourgues, s. d., in-4°, 21 p. La question revint sur le tapis deux ans plus tard. M. Engelhard fit un nouveau rapport qui fut discuté à la séance du 10 juin 1879; il a été aussi imprimé (ibid., s. d., in-4°, 20 p.).

« boulevard *Haussmann* le nom de boulevard *Hoche* et aux rues
« *Saint-Arnaud*, *Magnan*, *Morny* et *Billault* les noms de
« *Étienne-Marcel*, *Bailly*, *Bazeilles* et *Coulmiers.* »

Rue Abbatucci. — Le nom de rue de la *Pépinière* est resté à
l'ancien tronçon encore subsistant de la rue; celui de rue *Abbatucci* ne commence qu'à la place *Saint-Augustin* jusqu'au faubourg *Saint-Honoré*. Rien n'empêche en effet de rendre l'ancien
nom à l'ensemble de la rue, d'autant plus que la Pépinière du
roi, cause première de cette dénomination, était située dans la
partie voisine du faubourg *Saint-Honoré;* mais il faut observer
que ces deux tronçons, l'un ancien, l'autre absolument neuf, sont
aujourd'hui tout à fait différents d'aspect et séparés par une vaste
place. Peut-être, si l'on rend à la rue *Abbatucci* le nom de rue de
la *Pépinière*, vaudrait-il mieux donner à ce reste de l'ancienne
rue de la *Pépinière* le nom de rue des *Porcherons*, jadis porté
par la rue *Saint-Lazare*, qu'elle continue. On sait que c'est là
que florissaient au xviiie siècle les Porcherons, de populaire
mémoire.

Boulevard Haussmann. — On ne peut guère sans mesquinerie
et sans ridicule enlever le nom de M. Haussmann à ce boulevard
traversant les magnifiques quartiers neufs qu'il a créés. Il n'a
pris la place de personne et son nom n'est pas là comme une
simple inscription honorifique, mais comme une véritable signature. Or, bonne ou mauvaise, un artiste a le droit de signer son
œuvre. Dans cette acception, on ne peut non plus lui opposer
sa qualité de personnage vivant, tous ceux qui ont nommé des
rues de Paris au même titre étant nécessairement dans le même
cas, puisqu'il faut être vivant d'abord pour être échevin, prévôt
des marchands ou préfet, et en cette qualité ordonner des opérations de voirie auxquelles on attache son nom. Ce serait faire
preuve d'équité, de tact et de bon goût de conserver le nom du
boulevard *Haussmann*.

Rue Magnan, rue Hoche. — Si l'on tient à honorer Hoche,
on peut substituer son nom à celui du maréchal Magnan, que
nous n'avons aucune raison pour soutenir. Rue *Hoche* sonne
moins mal que boulevard *Hoche*, qui serait une vraie cacophonie
rappelant le nom peu épique de Gavroche.

Rue Saint-Arnaud, rue Bailly. — Le nom de Bailly, l'austère et vertueux maire de Paris, victime de la Commune de 1793,
conviendrait parfaitement à cette rue. C'est le nom d'un honnête

homme ami de la liberté, de l'ordre et de la légalité, qui ne blesserait personne ; et c'est à quelques pas du point où la rue *Saint-Arnaud* débouche dans la rue des *Capucines* que se trouvait l'hôtel de la mairie de Paris occupé par Bailly pendant l'exercice de sa magistrature.

Rue Étienne-Marcel. — Le nom d'*Étienne-Marcel*, si l'on y tient, conviendrait beaucoup mieux à la rue ou place *Lobau*, qui limite aujourd'hui l'Hôtel-de-Ville fondé par Étienne Marcel dans la Maison-aux-Piliers de la Grève, acquise par lui à cet effet. Cette rue n'a pas d'autres maisons que les deux casernes, qui n'auraient rien à souffrir du changement, et le brave maréchal Lobau trouverait facilement ailleurs le dédommagement qui lui serait dû.

Rue de Morny (ci-devant d'Angoulême). — On ne peut lui rendre son ancien nom, qui ferait double emploi avec la rue d'*Angoulême* du Temple. Cette rue, divisée en deux tronçons bien distincts par l'avenue des *Champs-Élysées,* demande deux noms. Pour la section du faubourg *Saint-Honoré* (ancienne rue d'*Angoulême*), je proposerais rue *Lagrange*, en l'honneur du savant mathématicien mort tout près de là, dans l'hôtel qui fait le coin du faubourg *Saint-Honoré* et de la rue de *Penthièvre*, et dont le corps repose encore dans les caveaux du Panthéon. Pour la section de Chaillot aboutissant aux environs de la Pompe à feu on pourrait proposer : rue des *Frères Périer*, en l'honneur des deux habiles mécaniciens, patriotes dévoués, qui, après avoir importé à Paris les premières machines à vapeur et organisé la première grande distribution d'eau à domicile, ont mis au service de la patrie en danger une fonderie de canons qui rendit de sérieux services pendant les guerres de la Révolution.

Rue Billault (ancienne rue de l'Oratoire du Roule). — Ne peut reprendre son ancien nom à cause de la rue de l'*Oratoire Saint-Honoré.* Elle fait suite à la rue de *Monceau;* on pourrait la nommer rue *Carmontelle*, en l'honneur du spirituel auteur des *Proverbes dramatiques*, créateur des jardins paysagers si improprement dits jardins anglais, et en particulier du parc de Monceau, dont il publia les plans et dessins en 1779.

Rues de Bazeilles et de Coulmiers. — Je pense qu'il faut absolument rejeter les noms proposés de *Bazeilles* et de *Coulmiers*, non pas que ces actions ne soient honorables et même glorieuses pour nos armes, mais les souvenirs de la désastreuse campagne de 1870 sont de tristes souvenirs que nous ne devons ni oublier ni rappeler avec ostentation.

4. — « Le Conseil demande que l'avenue *Joséphine* reçoive le
« nom d'*Avenue de Chaillot*, l'avenue de la *Reine-Hortense* celui
« d'*Avenue de Monceau* et le quai *Napoléon* celui de *Quai de la*
« *Cité.* »

AVENUE JOSÉPHINE. — L'*Avenue Joséphine* ne pourrait sans inconvénient prendre le nom d'*Avenue de Chaillot*, puisqu'il existe déjà une rue de *Chaillot*, ancienne rue principale du village de Chaillot. Celle-ci a les droits de priorité les plus légitimes et les plus respectables. En effaçant le nom de *Joséphine*, assez déplacé au milieu des noms d'illustres batailles qui rayonnent autour de l'Arc de triomphe, on pourrait lui substituer le nom d'*Eckmühl*, qui manque au trophée et qui n'a pas de similaire ailleurs.

AVENUE DE LA REINE HORTENSE. — Non pas *Avenue de Monceau;* il y a près de là une rue de *Monceau;* mais *Avenue du Parc-Monceau*, ce serait au mieux.

QUAI NAPOLÉON. — Il eut beaucoup mieux valu laisser à ce quai son véritable titre topographique de *Quai du Cloître Notre-Dame;* je proposerais de le lui rendre. On a déjà inscrit de l'autre côté du Marché aux fleurs (ancien quai *Desaix*) : quai de la *Cité*. Il y a une rue de la *Cité* inscrite en remplacement de la regrettable trilogie rue de la *Lanterne*, rue de la *Juiverie*, rue du *Marché-Palu*, précieux souvenir du vieux Paris. J'aurais préféré pour cette partie du quai : *Quai aux Fleurs*. C'est son vrai nom que le public lui a déjà donné depuis longtemps et que sans doute il lui maintiendra quand même. D'un autre côté, il serait ridicule de proscrire de parti pris le nom de *Napoléon*, qui plane au-dessus des considérations politiques du moment; je serais d'avis de le transférer à l'avenue du *Roi-de-Rome*, au milieu des noms de maréchaux et de victoires de son règne. Là, il serait à sa vraie place et représenterait beaucoup moins S. M. l'empereur et roi que l'*imperator* légendaire, le héros de ces grandes guerres dont la France d'aujourd'hui serait bien fâchée au fond de ne point partager la glorieuse solidarité.

AVENUE KLÉBER. — On propose *Kléber* pour l'avenue du *Roi-de-Rome*, mais il y a déjà une rue *Kléber* à côté du Champ-de-Mars.

5. — Le Conseil demande que la rue du *Four-Saint-Germain* transformée reçoive le nom de rue *Didot*.

Rue du Four, rue Didot. — Certainement on ne peut qu'approuver la pensée de consacrer dans le quartier des Écoles une rue à la mémoire des Didot, les savants typographes parisiens, héritiers du talent et de l'érudition des Estienne; mais la rue du *Four* est ancienne, très passagère et très connue sous son nom qui rappelle le four banal de l'abbaye Saint-Germain; il y était situé. Pourquoi perdre ce souvenir? On lui a déjà sacrifié la rue du *Four-Saint-Honoré*. Il existe une autre rue du *Four* dans le quartier Saint-Jacques, à la cime de ce *Mont-Saint-Hilaire*, qui fut comme le Parnasse de l'ancienne librairie parisienne. Elle rappelle aussi le four public de l'église Saint-Hilaire; mais elle est moins connue, moins fréquentée, et, si l'une des deux homonymes doit disparaître, c'est à celle-ci qu'il faudrait imposer un nom nouveau. Celui de Didot lui conviendrait parfaitement; mais cette voie des plus modestes conviendrait-elle aux Didot? C'est là une autre question. En tout cas, on pourrait leur attribuer une rue nouvelle non encore baptisée.

6. — Rue Bonaparte. — Le Conseil émet le vœu que la rue *Bonaparte* reçoive la dénomination de rue *Gutenberg*.

L'ancien nom de cette rue était rue des *Petits-Augustins*, à cause du couvent, remplacé aujourd'hui par l'École des beaux-arts. Elle s'arrêtait autrefois à la rue *Jacob*, contre l'enceinte de l'abbaye Saint-Germain. Sous le Consulat, on la prolongea à travers l'abbaye, et cette prolongation seule reçut le nom de rue *Bonaparte*, changé sous la Restauration en rue *Saint-Germain-des-Prés*. Cette dénomination, beaucoup plus rationnelle, fut étendue à toute la rue quand, vers 1850, on chercha à remédier à la confusion que produisait la quasi-homonymie des rues et quais des *Grands-Augustins*, des *Petits-Augustins* et des *Vieux-Augustins*. Sous l'Empire (1852), on redonna à cette rue prolongée jusqu'au Luxembourg, en traversant la place *Saint-Sulpice* et absorbant la rue du *Pot-de-Fer*, la dénomination purement politique et mal motivée de rue *Bonaparte*. Il faut lui rendre le nom de rue *Saint-Germain-des-Prés*, c'est-à-dire son titre naturel et topographique qui ne flatte ni ne blesse personne et qui signifie quelque chose, tandis que le nom de rue *Gutenberg* ne signifierait absolument rien.

7. — Rue des Amandiers. — « Le Conseil exprime le vœu que le nom de *Ledru-Rollin* soit donné à la rue des *Amandiers*. »

Ce serait remplacer une dénomination topique et parfaitement innocente par une dénomination politique sujette à protestation et à révision. On a déjà sacrifié à cette rue des *Amandiers-Popincourt* la rue des *Amandiers-Sainte-Geneviève,* présentement rue *Laplace*.

8. — Rue Meslay, rue George Sand. — Le Conseil émet le vœu que la rue *Meslay* reçoive le nom de *George Sand*.

George Sand est née dans la rue *Meslay* ; c'est un fait à noter, mais ce n'est pas une raison pour changer le nom d'une rue ancienne très habitée et très connue sous sa dénomination actuelle. Si l'on voulait changer ainsi tous les noms des rues de Paris où sont nés, où sont morts, où ont demeuré des personnages célèbres, ce serait un bouleversement général et incessant. On comprend que l'on tienne compte de cette circonstance quand un nom est à modifier pour une cause majeure ou à donner à une rue nouvelle ouverte dans le voisinage, mais tel n'est pas le cas présent. D'ailleurs, l'immortalité de George Sand est encore bien jeune, et bien des aînés d'une autre valeur morale et philosophique auraient droit de passer avant l'auteur d'*Indiana*, si cette distinction édilitaire devait être considérée comme un prix d'excellence. J'en dirai autant au sujet de la statue qu'on se propose d'ériger à l'élégant écrivain ; quand deux statues littéraires, celles de Molière et de Voltaire, brillent seules sur nos places publiques (je ne parle pas de celles qui dépendent d'un édifice particulier), ce n'est pas à Mme Sand qu'il appartient de fournir la troisième. Laissons mûrir sa gloire, l'impartialité et la valeur de l'hommage ne pourront qu'y gagner.

9. — Boulevards Michelet et Edgard Quinet. — Division du boulevard *Saint-Germain*.

Ce que je viens de dire de George Sand s'applique également à *Michelet* et à *Edgard Quinet :* leur gloire est encore trop jeune, laissons-lui prendre son *point*. Jugée à distance, elle sera plus sainement appréciée.

D'ailleurs, la division demandée du boulevard *Saint-Germain* en plusieurs sections est fort raisonnable. Il est *absurde* de voir le boulevard *Saint-Germain* prendre naissance au faubourg

Saint-Victor, de l'autre côté de la ville, précisément à l'opposé du faubourg *Saint-Germain*. La première section, du quai *Saint-Bernard* au boulevard *Saint-Michel*, devrait s'appeler boulevard *Sainte-Geneviève*, parce qu'elle traverse la *montagne* et l'ancienne seigneurie de Sainte-Geneviève. La seconde, du boulevard *Saint-Michel* au quai d'*Orsay*, très bien nommée boulevard *Saint-Germain*, n'aurait pas besoin d'être subdivisée; elle traverse successivement l'enclos et le bourg de l'abbaye Saint-Germain-des-Prés. Son nom est parfaitement motivé. Si l'on y tient cependant, on pourrait donner à la section intermédiaire entre le boulevard *Saint-Michel* et la rue de *Rennes* le nom de boulevard de *Cluny*, qui se présente tout naturellement.

10. — Rue d'Argenteuil, rue Charras. — « Le Conseil « *décide* que la rue à ouvrir *sur l'emplacement de la rue d'Ar-« genteuil* prendra le nom de rue *Charras*. »

D'abord le Conseil n'a pas à *décider* : une rue ouverte sur l'emplacement d'une autre n'est pas une rue nouvelle, mais une rue ancienne modifiée; elle a le droit de garder son nom. Si l'on veut changer celui-ci (qui n'a jamais signifié grand'chose, car ce chemin n'a jamais mené tout droit à Argenteuil, et l'étymologie est des plus obscures[1]), il faudrait donner à la rue d'Argenteuil le nom de rue de la *Butte-des-Moulins*, qui résumerait tous les souvenirs historiques de ce quartier, si riche sous ce rapport. Quant au colonel Charras, personnalité essentiellement politique, cette raison suffirait pour le faire rejeter, même si sa candidature était autrement motivée; ce qui n'est pas. Il n'a rien à faire ici.

11. — Rue Lepic. — « Le Conseil émet le vœu que la rue « *Lepic* reçoive le nom de *David d'Angers*. »

La rue *Lepic* porte le nom d'un brave général du premier Empire qu'on aurait très bien pu ne pas appeler à cet honneur, mais qu'il serait malséant de déposséder, aujourd'hui que ce changement d'étiquette troublerait toute une population très vivante et très commerçante. On trouvera bien moyen de consacrer à David d'Angers une rue nouvelle du XVIe arrondissement, où l'on a massé tous les artistes nationaux et étrangers.

---

1. Cousin est peut-être ici trop affirmatif. Voyez sur cette question une note de notre confrère M. E. Mareuse dans le *Bulletin de la Société de l'Histoire de Paris*, t. XI (1884), p. 28.

12. — Rue Bouillé, rue David d'Angers. — Rue *Bouillé*. — Il semble même que la voilà trouvée, précisément à côté de la rue *Houdon*. Cette rue *Bouillé*, que l'on veut débaptiser, pourrait recevoir le nom de *David d'Angers*. Toutefois, je doute qu'elle doive son nom actuel au général royaliste; ce pourrait bien être le nom de quelque entrepreneur ou propriétaire fort innocent de la fuite de Varennes ; point à enquérir avant d'opérer la mutation.

13. — Rue de Puébla. — Le sectionnement de la rue de *Puébla* est une chose faite. Déjà la première partie de cette rue a reçu, on ne sait pas pourquoi, la dénomination de rue des *Pyrénées*. Si c'est à cause de la nature *montagneuse* de la butte *Chaumont*, la comparaison est bien présomptueuse. J'aurais préféré le nom du combat de *San Lorenzo*, qui précéda et amena la prise de Puébla.

DEUX CORRECTIONS A FAIRE : RUES DE CONSTANTINE ET JACQUES-DE-BROSSE.

Aux modifications proposées par le Conseil municipal, ne pourrait-on, par la même occasion, en ajouter deux autres, qui ne gêneraient personne et qui satisferaient les Parisiens :

1° Donner au dernier tronçon de la rue de *Constantine*, que la démolition générale de la Cité a laissé subsister, le nom de *Lutèce* ; Constantine paraissant tout à fait déplacée dans ce quartier gallo-romain. Il n'y a sur cette rue que deux maisons bourgeoises.

2° Corriger le nom erroné de la rue *Jacques-de-Brosse*, puisqu'il est aujourd'hui bien constaté par actes authentiques que l'architecte de Saint-Gervais, du Luxembourg, etc., s'appelait *Salomon de Brosse*.

III.

RÉSUMÉ : LE PRINCIPE, LA COMMISSION DE RÉVISION.

En résumé, le principe sur lequel tout le monde paraît aujourd'hui d'accord est qu'il faut s'en tenir aux modifications strictement nécessaires et éviter autant que possible ces changements perpétuels, qui troublent les habitudes et qui causent au commerce le plus grave préjudice en stérilisant la publicité, déroutant la clientèle et compromettant par conséquent la valeur même des fonds de commerce. Il est de notoriété parmi les boutiquiers que trois changements de nom de rue valent une expropriation, comme trois déménagements valent un incendie; et je m'étonne même que la question d'indemnité n'ait pas encore été soulevée à cet égard.

A côté de ces considérations matérielles, il en est d'autres non moins respectables et d'un ordre plus élevé, dont on doit tenir compte, surtout à Paris, la ville la plus *historique* du monde moderne : ce sont les considérations relatives au culte des souvenirs. Cédant à des nécessités administratives, édilitaires ou sanitaires plus ou moins justifiées, vous avez effacé l'histoire de Paris de la surface du sol; conservez-en du moins la trace dans la nomenclature de ses rues; à défaut des monuments eux-mêmes, du décor où s'est joué ce grand drame, ces précieux jalons, ces points de repère évidents ou mystérieux aideront du moins l'historien à ressusciter le passé et permettront à la foule de le comprendre. Et ce n'est pas là le sentiment isolé d'un petit clan d'érudits; depuis la déplorable destruction du vieux Paris, un sentiment de réaction pousse le public en général, savants et ignorants, à s'inquiéter des souvenirs historiques de notre antique cité, trop radicalement rajeunie. Les journaux s'en préoccupent, et leur rédaction fait depuis quelque temps sous ce rapport des progrès sensibles; de nombreuses publications, des académies spéciales ont été créées avec le plus grand succès. En suivant ce mouvement on peut être certain de marcher d'accord avec l'opinion publique.

Donc, pour les rues anciennes, même modernisées, même transformées, il faut laisser subsister et, au besoin, rétablir les anciens noms qui tous ont une signification et rappellent d'intéressants souvenirs. Pour les rues nouvelles, il faut choisir de préférence les dénominations *neutres*, qui offrent les plus grandes chances d'invariabilité. Celles qui indiquent l'état ou la destination de la rue sont les meilleures : rue des *Colonnes*, quai aux *Fleurs*, avenue de l'*Opéra*, avenue du *Bois-de-Boulogne*. A défaut de caractère topique, beaucoup plus rare aujourd'hui qu'autrefois, on ne peut qu'approuver l'idée de transformer les plaques indicatives de nos rues en tablettes de la renommée au profit des hommes illustres de tous les pays, mais il faut réserver cet honneur à des célébrités incontestables, consacrées par le temps, ou à des bienfaiteurs publics sur le compte desquels tout le monde est d'accord. Il faut éviter surtout les dénominations politiques, sorte de défis que les partis se renvoient les uns aux autres, non sans quelque ridicule et au grand détriment des paisibles citoyens. Il faut se garder aussi des hommages prématurés, des engouements irréfléchis, dont le moindre défaut est de surfaire des personnalités secondaires, d'en faire négliger de plus dignes et de prêter aussi quelque peu au ridicule; précisément le contraire du but que l'on voulait atteindre.

CRÉATION D'UNE COMMISSION DE NOMENCLATURE DES RUES DE PARIS.

M. le ministre a émis l'idée de créer une Commission de contrôle à laquelle ces questions seraient soumises avant toute résolution.

Une Commission de nomenclature des rues de Paris rendrait en effet de réels services, sauvegarderait la responsabilité de l'administration et empêcherait les agents de la voirie de commettre des bévues comme celle qui brillait récemment encore sur la plaque indicative de la seconde entrée du passage *Sainte-Marie* (rue du *Bac*); au lieu de rue des *Dames-de-la-Visitation*, on lisait (*proh pudor!*) rue de la *Visitation-des-Dames*. Cette Commission pourrait, en qualité de Conseil de révision des inscriptions parisiennes, empêcher que deux maisons, dans deux quartiers différents, ne se disent à la fois maison natale de Molière; elle pourrait étendre son inspection aux enseignes des boutiques, en redresser à l'amiable les torts orthographiques et trancher les questions délicates, comme celle qui embarrassa le commissaire de police du quartier Saint-Gervais, à propos de l'enseigne du *Chah de Perse*.

Mais cette Commission devrait, je crois, être instituée près de la Préfecture de la Seine[1], et non directement près du Ministère de

---

1. C'est là l'origine et la première idée du *Comité des inscriptions parisiennes*. Cousin en fut l'initiateur et M. Herold le promoteur. M. Herold l'institua par un arrêté préfectoral du 10 mars 1879. Ce comité s'occupe surtout de perpétuer par des inscriptions spéciales les souvenirs historiques de Paris. Une de ses sous-commissions, dite *Commission de la nomenclature*, ne tient que de très rares séances et n'est jamais consultée par le Conseil municipal. C'est à peine si, en dix ans, on pourrait, de ce fait, citer un seul exemple. — Le recrutement du Comité des inscriptions se fait maintenant d'une façon toute différente de celle que Cousin propose ci-dessous.

l'Intérieur, puisque, d'après la jurisprudence généralement adoptée, le ministre ne doit intervenir que *pour le changement des dénominations ayant le caractère d'hommage public.* Dans tout autre cas : dénomination sans caractère honorifique ou dénomination même honorifique appliquée à une rue nouvelle, le droit de nommer appartient au maire, représenté à Paris par le Préfet de la Seine. Je ne sais trop jusqu'à quel point cette jurisprudence est bien fondée, car la législation ancienne et moderne a toujours assimilé les voies publiques classées au domaine de l'État. Il n'appartient qu'au gouvernement de les ouvrir, de les supprimer et, par conséquent, de les nommer; si l'initiative de cette dénomination a été en fait abandonnée au maire, c'est pour des raisons pratiques et parce qu'il est censé agir au nom du préfet et d'accord avec lui; mais celui-ci reste toujours maître d'intervenir en personne, et c'est à lui seul qu'appartient le droit de nommer, tant qu'une loi spéciale n'en aura pas décidé autrement.

Voici comment pourrait être composée la Commission de nomenclature :

Le secrétaire général de la préfecture de la Seine, président;
Trois membres présentés par l'Académie des Inscriptions;
Trois membres présentés par la Société des Antiquaires;
Trois membres présentés par la Société de l'Histoire de Paris;
Deux membres : le bibliothécaire et l'archiviste de la Ville;
Deux membres choisis par M. le Ministre de l'Intérieur ou M. le Préfet de la Seine, sans condition.

Total : quatorze membres.

Les membres décédés ou démissionnaires seraient remplacés dans les mêmes conditions d'origine.

Aucune nouvelle dénomination de rue, aucune mutation, aucune autorisation d'inscription lapidaire dans Paris ne pourrait être présentée à la signature du ministre ou du préfet sans avoir été préalablement soumise à la Commission qui, de son côté, pourrait prendre l'initiative des propositions à faire au Ministre ou au Préfet.

Jules Cousin.

Nogent-le-Rotrou, imprimerie DAUPELEY-GOUVERNEUR.

Les tirages à part de la *Société de l'Histoire de Paris et de l'Ile-de-France* ne peuvent être mis en vente.

www.ingramcontent.com/pod-product-compliance
Lightning Source LLC
Chambersburg PA
CBHW060500050426
42451CB00009B/737